OSVALDO LACERDA

PARA PIANO

- Cromos •
- Suíte nº 1 • Sonatina nº 1 •
- Variações sobre "Mulher Rendeira" •

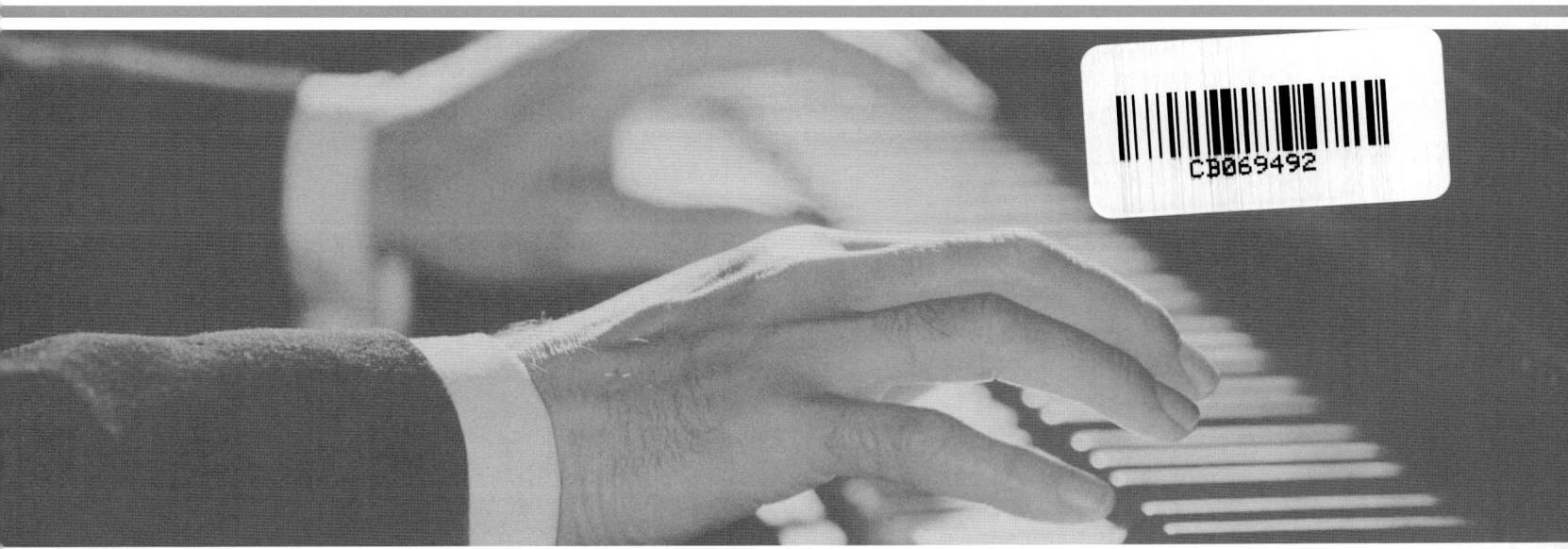

Nº Cat.: 340-A

Irmãos Vitale S.A. Indústria e Comércio
www.vitale.com.br
Rua França Pinto, 42 Vila Mariana São Paulo SP
CEP: 04016-000 Tel.: 11 5081-9499 Fax: 11 5574-7388

© Copyright 2013 by Irmãos Vitale S.A. Ind. e Com. - São Paulo - Brasil
Todos os direitos autorais reservados para todos os países. *All rights reserved.*

CRÉDITOS

Capa e Diagramação
Eduardo Wahrhaftig

Coordenação Editorial
Roberto Votta

Produção Executiva
Fernando Vitale

CIP-BRASIL. CATALOGAÇÃO NA FONTE
SINDICATO NACIONAL DOS EDITORES DE LIVROS - RJ.

L137o

    Lacerda, Osvaldo Costa de, 1927-2011
       Osvaldo Lacerda para piano : cromos e outras peças / Osvaldo Costa de Lacerda. - 1. ed. - Rio de Janeiro : Irmãos Vitale, 2013.
      96 p. : il. ; 31 cm.
      ISBN 978-85-7407-414-6

    1. Música. 2. Música para piano. 3. Partituras. I. Título.

13-04483   CDD: 786.2
                                                                                                            CDU: 78.089.7

23/08/2013   27/08/2013

CROMOS..9
- I - No Balanço..10
- II - Pequeno estudo..12
- III - Lamurias..14
- IV - Sanfoneiro em Ré..16
- V - Menino manhoso..18
- VI - Valsinha sincopada..20
- VII - A flauta do indiozinho..22
- VIII - Tagarelice..24
- IX - Pingue-ponge..27
- X - Jogando xadrez..30
- XI - Gangorra...34
- XII - Brincando de pegador...36
- XIII - Mixolídio..39
- XIV - Dórico..41
- XV - Lídio...45
- XVI - Pentafônica..47

SUÍTE Nº1..49
- I - Dobrado..52
- II - Chôro...54
- III - Toada..58
- IV - Baião...62

SONATINA Nº1...69
- I..70
- II...74
- III..78

VARIAÇÕES SOBRE "MULHER RENDEIRA"...81

Sobre os "Cromos" de Osvaldo Lacerda:

A meu ver, toda essa coletânea de CROMOS (cinco cadernos, com quatro cromos em cada um), é de caráter lúdico, excetuando-se o caderno n* 4, que apresenta "exemplos" de modos mixolídio, dórico, lídio e de escala pentafônica, bem de acordo com a música brasileira de nosso Norte e Nordeste e de caráter mais profundo, a ponto de o próprio compositor tê-los transformado tambem em peças para orquestra de cordas, nas já famosas, muito tocadas e gravadas "QUATRO PEÇAS MODAIS".

Observe-se a expressividade do Lídio, que nada mais é do que uma singela homenagem à sua querida cachorrinha de nome XIMBICA, peça que foi escrita assim que o compositor, que tanto amava os animais, chegou da Clínica Veterinária, onde levara sua querida cachorrinha para ser sacrificada, tão velhinha estava, cega e bem doente com câncer, sofrendo muitas dores. Confesso que não há uma única vez em que escute essa música e não me venham lágrimas aos olhos, tão tristonho é esse Cromo.

E sobre os outros Cromos, diria que seria interessante observar a estreita relação que existe entre o título da obra e o caráter da mesma. É impressionante a capacidade descritiva do autor e poderíamos mesmo dizer que se trata de música programática. Sobre a parte técnica, não são peças com grande dificuldade, porem, captar o sentido das mesmas, dependerá de uma fina sensibilidade e inteligência do intérprete, sem dúvida.

Notável foi a imaginação do compositor ao criar, por exemplo, a TAGARELICE (caderno n* 2), na qual, com muito humor, se relaciona com três de suas alunas que pertenciam a uma turma e que eram muito loquazes, não paravam de falar. E aí dedicou, jocosamente, a elas.

Ainda, o que dizer do PINGUE – PONGUE? Parece estarmos assistindo a uma partida desse jogo.

Surpreendente, no caderno n* 5, a peça que conclui a série, e que é a MÁQUINA de ESCREVER; aqui, até a campainha das antigas máquinas de escrever se escuta, sendo perfeita a imitação.

Apenas um lembrete: não confundir estes CROMOS com a peça "CROMOS para piano orquestra", de 1983, que é um verdadeiro Concerto para piano e orquestra.

Espero que esta compilação dos CROMOS de Osvaldo Lacerda numa nova edição, alcance muito sucesso, com muita difusão entre os pianistas e professores de piano. E meu muito obrigada à Editora Irmãos Vitale, por estar cuidando da divulgação tão meritória, e cada vez maior, da obra de Osvaldo Lacerda.

Eudóxia de Barros
São Paulo, 27 de Outubro de 2013

Sobre a "Suíte n* 1" para piano, de Osvaldo Lacerda:

Suíte é a denominação para um conjunto de peças, em geral se constituindo de danças ou canções. Essa Suíte de Osvaldo Lacerda é composta por um DOBRADO, CHORO, TOADA e BAIÃO.

Foi escrita em 1961, dedicada a mim, que logo a consegui gravar em LP pelo selo Chantecler, lançado somente em 1965. Osvaldo Lacerda ficou muito satisfeito com essa gravação, a utilizava para ilustrar suas aulas de análise e eu, quando passava ali perto da sala onde ele lecionava particularmente, não raro ouvia essa minha gravação, o que me tornava bem contente e honrada.

Ele se atormentava um pouco pelo fato de ter denominado essa Suíte de "Suíte n*1", o que poderia pressupor a obrigação de ele escrever a de n* 2. Fazia parte de seus planos escrever a "Suíte n* 2", porem não houve tempo. Tirar a denominação n*1 seria impossível, por já estar a obra impressa por esta mesma Editora, a Vitale.

Sobre as peças, o próprio autor fala em detalhes na primeira página da música e, assim, não serei repetitiva. Apenas comentarei sobre o que ele mais queria como interpretação: no DOBRADO, ele sempre pedia que não se tocasse muito rápido: é uma marcha, dizia. E que se observasse à risca o ritmo da colcheia pontuada e em seguida a semicolcheia, não transformando esse ritmo em três quiálteras, fato muito comum, se não se presta muita atenção.

Sabemos que no início do século XX eram comuns, no Rio de Janeiro, as famosas rodas de choro, ou seja, grupos de músicos amadores que se reuniam em casas ou bares, pelo simples prazer de fazer música, utilizando aqueles instrumentos populares da época, como a flauta, violão, cavaquinho, bandolim. Eles eram então chamados de "chorões". Daí não foi difícil essa denominação passar a designar tambem o gênero de música que faziam, surgindo pois, o "CHORO" como gênero musical brasileiro. É de caráter vivo, aparentemente, exigindo técnica; entretanto, observando-se bem, os choros são bem sentimentais e até tristonhos às vezes, na melodia.

A TOADA é um gênero muito sentimental, e a Toada desta Suíte é bem de caráter caipira paulista. Bastante dolente, tranquila e tristonha, quase melancólica.

O BAIÃO (que antigamente era chamado de BAIANO) é uma dança nordestina, viva, alegre, que encerra muito bem qualquer Suíte. Começa de mansinho, bem *piano*, e a sonoridade vai se ampliando até um grande clímax, terminando de uma maneira retumbante. Tambem aqui, Osvaldo Lacerda sempre pedia a melhor e maior observância no ritmo colcheia pontuada e semicolcheia, para não amolecer o ritmo; contar os tempos, com bastante rigor.

Essa "SUÍTE N* 1" é uma obra tão perfeita que talvez tenha sido providencial ele não ter composto a Suíte n* 2, pois a comparação seria evidente, e seria impossível superar essa obra prima de 1961.

Eudóxia de Barros
São Paulo, 27 de Outubro de 2013

Sobre a "Sonatina n* 1" de Osvaldo Lacerda:

Essa obra tambem foi dedicada a mim e data de 1990 . Eu a estreei em Itapetininga, SP, em 31 de Julho de 1991 . Aliás, desde o nosso casamento em 1982, todas as suas obras pianísticas foram sempre dedicadas a mim, e apenas em uma única vez Osvaldo Lacerda dedicou a outro pianista, aliás, grande pianista, Renato Figueiredo, quando compôs em 2006 a "Homenagem a Scarlatti", obra constituída por duas Sonatas : Sonata I e Sonata II.

Sonatina é uma Sonata em miniatura, falando-se a grosso modo. Possui duração menor, os problemas técnicos são muito pequenos, porem mantem a mesma forma da Sonata : na maioria das vezes tem 3 movimentos, sendo que o primeiro movimento em geral encontra- se na forma sonata, isto é, apresenta uma Exposição com 2 temas, Desenvolvimento, Reexposição com aqueles dois temas em outra tonalidade e a Coda.

A "Sonatina n* 1" possui os seguintes movimentos:

ALLEGRO MODERATO - sobre o andamento, dizia o compositor : "não mais do que 112 no metrônomo, para cada semínima" . A Exposição já começa no primeiro compasso, com o primeiro tema, em Mi menor . A partir do 9*compasso, começa uma Transição com elementos do 1* tema , indo até o compasso de n* 20, quando aparece o 2* tema em Lá maior . No compasso 34 começa o Desenvolvimento, com o final do 2* tema ; no compasso 44 , na mão esquerda , nota-se trecho do 1* tema aparecendo sutilmente. No compasso 48, vem a Reexposição com o 1* tema em Sol menor ; a Transição surge no compasso 56, indo até a entrada do 2* tema no compasso 67, em Dó maior. A Coda inicia-se no compasso 78, terminando esse 1* movimento na tonalidade de Dó maior.

ANDANTE CON MOTO – apresenta a forma ternária, ou seja : A – B – A 1 . A parte A se inicia no compasso n* 5, após quatro compassos introdutórios . A parte A vai até o compasso 30 . No compasso 31, entra a parte B com belíssima melodia na mão esquerda, que deverá ser bem cantabile . A parte A1 inicia- se na verdade, no compasso 53 porque os dois compassos imediatamente anteriores constituem-se numa ponte que evoca a Introdução . A parte A1 termina no compasso 76 , dando lugar ao início da Coda no compasso 77, finalizando esse movimento de uma maneira bastante etérea.

ALLEGRETTO – bem alegrinho esse movimento, bem de acordo com o andamento escolhido. Sua construção é: A - B - A1 - C - A2 - Coda. O caráter é ingênuo, com muita simplicidade. A parte A começa no 1* compasso, indo até o compasso 23; no compasso 24 começa a parte B, antecedida pelos 6 compassos que terminam o A, e que no seu conjunto são chamados *episódio*. Do compasso 46 ao primeiro tempo do compasso 50, novamente aparece o *episódio*. No segundo tempo do compasso 50 inicia- se o A 1, que apresenta o *episódio* nos compassos 64, 65 e 66 . No compasso 67 começa a parte C, trazendo o *episódio* nos compassos 85, 86, 87 e 88. No compasso 89, começa a parte A2 que segue até o compasso 103, seguido pela Coda, com seis compassos. Há duas opções de acabamento e eu sempre preferi a primeira versão, onde está escrito: *a tempo, súbito*.

É uma obra muito musical e leve, com pouquíssimo pedal, requerendo uma fina sensibilidade e requinte do intérprete.

Osvaldo Lacerda ainda escreveu mais duas Sonatinas: a de número 2 (já gravada por mim pela COMEP – Comunicação Edições Paulinas) e a de número 3.

Eudóxia de Barros
São Paulo, 3 de Novembro de 2013

As Variações sobre Mulher Rendeira.

As Variações sobre Mulher Rendeira de Osvaldo Lacerda é uma obra constituída por um conjunto de 12 variações, originadas a partir de um conhecido tema extraído do Ensaio Sobre a Música Brasileira, de Mário de Andrade.

Finalizada em agosto de 1953, há uma linha mestra na concepção da peça que permeia todas as variações, concebidas por acúmulo de informação, por expansão dos motivos principais, por adição de outros elementos e também por um adensamento paulatino da harmonia. A exceção fica por conta da última variação em que o tema é retomado em sua constituição quase original.

Cada variação possui o seu próprio ambiente, textura, articulação e expressividade, além de em quase todas ser evocado um gênero musical típico do Brasil ou aqui aclimatado. Como resumo, pode-se assim situá-las:

Variação I: peça a três vozes de caráter polifônico com elementos imitativos.

Variação II: a embolada (gênero da região nordeste), com suas típicas notas repetidas, é aqui evocada numa escrita a duas vozes.

Variação III: sugere um ponteio (região sudeste), de escrita polifônica para três e quatro vozes. Atente-se para o pedal harmônico e melódico do baixo (nota mi) a evocar o bordão do violão.

Variação IV: o tema é emoldurado por um ritmo bastante estilizado de samba e, pela primeira vez dentro desta série de variações, os acordes formados por quartas são utilizados.

Variação V: o tema variado passa para a mão esquerda enquanto a direita exibe acordes quebrados mais uma vez formados por quartas. Neste trecho Lacerda faz uso da tonalidade expandida.

Variação VI: o tema é simplificado e ganha contornos levemente semelhantes ao de um canto afro-brasileiro.

Variação VII: nesta seção a escrita remete ao espírito e à solenidade dos corais bachianos. Ademais, Lacerda contrapõe a região médio-grave à aguda e nesta exibe a melodia em oitavas simples, o que contribui para gerar um grande contraste de timbres e de textura.

Variação VIII: uma toada é sugerida por intermédio de um contorno melódico típico. O uso do contraponto se faz mais uma vez presente.

Variação IX: ao indicar como andamento a palavra em italiano scherzo (isto é, brincadeira), o próprio compositor revela o caráter deste trecho. O tema é esfacelado e distribuído em um gesto de grande agilidade que percorre do agudo ao grave. A harmonia por quartas é usada, desta vez, para gerar um ambiente atonal.

Variação X: Como suporte ao tema, é apresentado um tipo de acompanhamento com características coreográficas e que nos fazem lembrar genericamente de algumas danças brasileiras.

Variação XI: o tema, na mão direita, é desdobrado em dois níveis separados por um trítono, ao mesmo tempo em que, na esquerda, recebe um acompanhamento de outra linha mais grave. A sonoridade resvala na atonalidade, tal a densidade harmônica (com uso novamente dos acordes quartais). Mais tarde, em 1969, Lacerda retomará este tipo de escrita em seu Estudo n°2, ampliando-a e explorando ainda mais as suas possibilidades técnicas e expressivas.

Variação XII: Sem sofrer grandes transformações, o tema é escutado pela última vez. Porém, as regiões do piano são mais explicitamente exploradas, sugerindo um som sinfônico a esta variação, que assume também o papel de coda.

Sobre a primeira audição da obra, Eudóxia de Barros, grande pianista e viúva do compositor, dá o interessante depoimento:

"Aconteceu em 05 de Novembro de 1953, pelo pianista e professor Fritz Jank, um dos mais conceituados pianistas e professores da época no Brasil; contava Osvaldo, que pouco antes da estréia, ele foi ouvir o pianista em sua própria casa, no Pacaembu, e que ao começar, o prof. Fritz relutava, punha as mãos no teclado, as tirava, as colocava de novo... até que não se aguentou e desabafou: Osvaldo, você vai me desculpar mas não canto bem, não tenho boa voz e não saberia fazer essa apresentação da melodia, cantando. Isso devido à indicação de Osvaldo na partitura, que se poderia, se o pianista tiver coragem, cantar primeiramente o tema e somente depois começar com a parte do piano. Seria, entretanto, opcional e não necessário. Estando assim liberado, o famoso Prof. Jank suspirou aliviado e deu início à sua bela interpretação da peça. Houve mais tarde, em 1956, uma transcrição do próprio autor, para orquestra sinfônica."

Antonio Ribeiro
compositor e professor

CROMOS

Estas peças podem ser tocadas
separadamente ou em conjunto
(em forma de suíte).

Às minhas tias Alice e Violeta

I - No Balanço

Osvaldo Lacerda

A mão direita deve executar um *"cantabile"* discreto, sem exagero expressivo. Toque-se a peça, do principio ao fim, com absoluta igualdade de ritmo e andamento. A não-observancia da indicação metronomica deformará a ideia musical.

© Copyright 1971 by Irmãos Vitale S.A. Ind. e Com.

II - Pequeno estudo

Osvaldo Lacerda

Estuda o toque staccato e o compasso de cinco tempos. O andamento deve ser escolhido entre um mínimo de ♩.♩=66 e um máximo de ♩.♩=84. Uma vez feita a escolha, o andamento deve manter-se inalteravel durante toda a peça, sem nenhum rallentando ou accellerando. Não se use pedal. O ritmo deve ser sempre |♩.♩♩♩|, nunca |♩♩.♩♩|.

© Copyright 1971 by Irmãos Vitale S.A. Ind. e Com.

III - Lamurias

Osvaldo Lacerda

Explora uma das possibilidades expressivas do cromatismo: o seu aspecto *"chorão"*. O *"cantabile"* não deve ser exagerado, deve limitar-se a realçar o tom queixoso da peça. Tome-se cuidado em executar corretamente os decrescendi. (>) nas apojaturas descendentes. Um rubato discreto e bem dosado poderá enriquecer a interpretação. Não se use pedal.

© Copyright 1971 by Irmãos Vitale S.A. Ind. e Com.

IV - Sanfoneiro em Ré

Osvaldo Lacerda

A expressão *"solto"*, que se encontra no 1º e no 16º compassos, pede uma articulação intermediaria entre o legato e o non legato. O andamento deve ser escolhido entre um mínimo de ♩=112 e um máximo de ♩=132. Não se use pedal. A peça está escrita em ré mixolidio.

© Copyright 1971 by Irmãos Vitale S.A. Ind. e Com.

À querida Eudóxia

V - Menino manhoso

Osvaldo Lacerda

É uma redução do Cromo n. 3, "Lamurias", e, como este, explora o aspecto lamuriante do cromatismo. O *"cantabile"* não deve ser exagerado, deve limitar-se a realçar o tom queixoso da peça. Um *"rubato"* discreto e bem dosado poderá enriquecer a interpretação.

© Copyright 1971 by Irmãos Vitale S.A. Ind. e Com.

VI - Valsinha sincopada

Osvaldo Lacerda

Deve ser tocada numa atmosfera evocativa, quasi saudosista. Para tanto, torna-se imprescindivel uma obediencia estrita às gradações dinamicas. As sincopas se encontram na melodia da mão direita.

VII - A flauta do indiozinho

Osvaldo Lacerda

Tocada só nas teclas pretas. É construida sobre a escala de cinco notas, chamada "pentafonica", que aparece em diversos folclores: chinês, japonês, escocês, afro-americano, amerindio, etc..

Às minhas alunas,
Patricia Rocha Ferreira, Magda Rodrigues Bello, Maria do Carmo Raymundo Limas

VIII - Tagarelice

Osvaldo Lacerda

Para melhor se interpretar esta peça, imaginem-se três pessoas falando: a do meio (mão esquerda) repete obstinadamente a mesma coisa; a de cima tagarela frivolamente, enquanto a de baixo interpõe sempre o mesmo comentario e acaba por silenciar as outras duas.

IX - Pingue-pongue

Osvaldo Lacerda

Sugere os lances de um jogo de tenis de mesa (pingue-pongue). Uma das mãos sustenta uma 5ª diminuta (a rede...), sobre a qual cruza a outra mão (a bola...). As "cortadas" são simbolizadas pelos acordes *ff* (compasso 6, compasso 16, *etc.*).

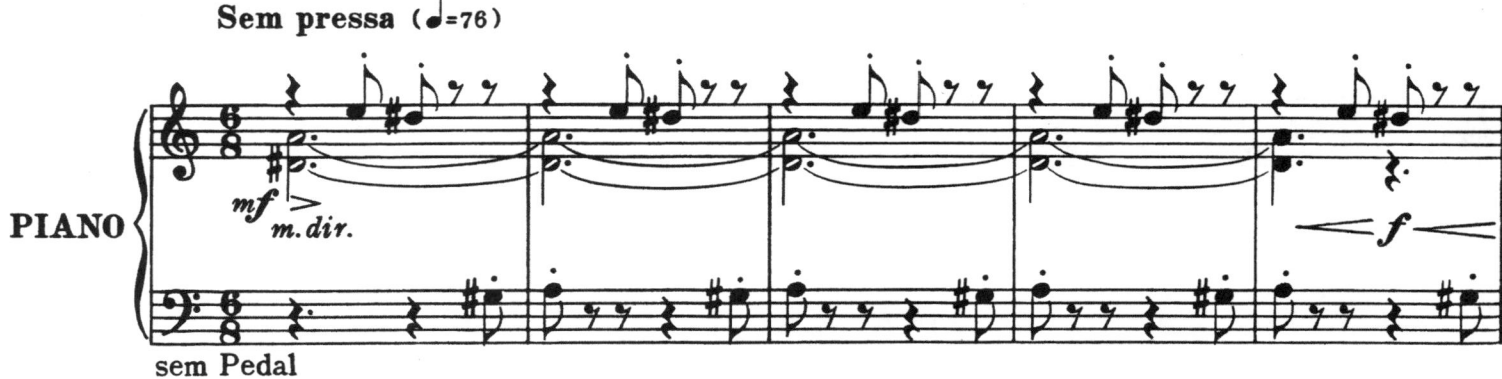

© Copyright 1972 by Irmãos Vitale S.A. Ind. e Com.

X - Jogando xadrez

Osvaldo Lacerda

Sugere, através de uma fuga a duas vozes, o intelectualismo e os diversos lances de uma partida de xadrez. A breve marcha funebre final simboliza o xeque-mate.

(*) Salientar sempre o tema e sua inversão, marcados:

XI - Gangorra

Osvaldo Lacerda

O andamento deve manter-se inalteravel do principio ao fim, para que bem se concretize a sugestão do movimento de sobe-e-desce da gangorra.

XII - Brincando de pegador

Osvaldo Lacerda

Sugere as corridas e negaças de crianças brincando de pegador.

Sem pressa (𝅗𝅥=69)
mp
leve
longa
rall.
a tempo
mais depressa
f subito
a tempo
mp
mais depressa
f subito
mf
a tempo
rit.
affret. molto
Aflito (𝅗𝅥±120)
mf
ff

ff
p
f
rit.
p
a tempo
accel.
À VONTADE
ff
glissando
dim. poco a poco
8
poco rall.
p
longa
sem pressa
mp
p
longuissima
tranquilo
pp

A musica brasileira, principalmente no Norte e no Nordeste, utiliza, alem dos modo maior e menor, algumas outras escalas, que delas diferem por ter menos notas, ou por apresentar uma colocação diferente dos tons e semitons.

São elas: as escalas pentafônica e hexafônica, e os modos dórico, lídio e mixolídio. É usado, tambem, um modo "misto", que é uma combinação dos modos lídio e mixolídio.

Os últimos movimentos de Cromos visam apresentar quatro dessas escalas, da maneira como se usam no Brasil. São, pela ordem: os modos mixolídio, dórico, lídio e a escala pentafônica.

XIII - Mixolídio

Osvaldo Lacerda

Está escrito do principio ao fim, tanto melodica, como harmonicamente, em sol mixolídio:

© Copyright 1975 by Irmãos Vitale S.A. Ind. e Com.

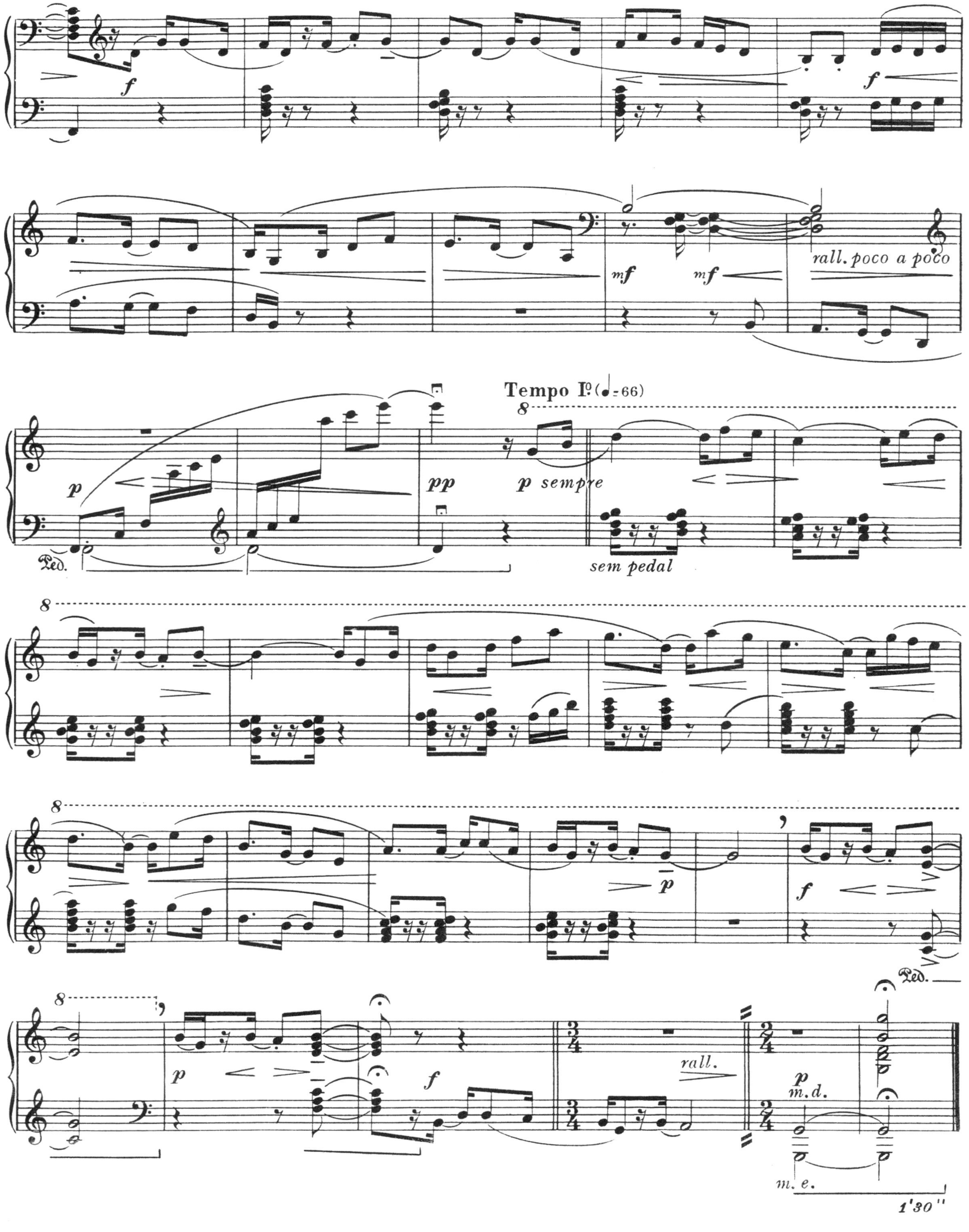
rall. poco a poco
Tempo Iº (♩= 66)
p sempre
sem pedal
rall.
m.d.
m.e.
1'30''

XIV - Dórico

Osvaldo Lacerda

Está em mi dórico: A melodia se encontra sempre no modo dórico, mas a harmonia, para se obterem maiores contrastes, sofre, às vezes, alterações cromaticas.

lunga
f
p
sem pedal
mf
poco f
p
subito
p
accel.
a tempo
sempre
f
11
Ped.

Mais lento (♩=92)
quasi religioso
lunga
com pedal
poco f
poco rall.
a tempo
poco rall.
a tempo
poco rall. a tempo
Tempo I° (♩=112)
sem pedal
poco f

p
p accel.
a tempo
f
Ped.
11
f
11
f
com pedal
poco f, perdendosi poco a poco
p, rall. molto
pp

Em memória de Ximbica (26 de dezembro de 1974)

XV - Lídio

Osvaldo Lacerda

Está em fá lídio: A melodia se encontra sempre no modo lídio (exceto nos compassos 24 e 25, e no trecho que se estende do compasso 29 ao compasso 35). A harmonia, porem, nem sempre obedece ao modo lídio, pela mesma razão exposta na introdução do Cromo nº 14.

a tempo
poco f
mf
p rall.
p
poco accel.
poco f
rall.
Tempo Iº (♩. = 60)
mp suave
a tempo
mf
p
poco rall.
pp
ritenuto
mf
a tempo
poco rall.
a tempo
mf
rall.
p
a tempo
rall.
pp
pp

2'10"

XVI - Pentafônica

Osvaldo Lacerda

Existem varias modalidades da escala de cinco notas (*pentafônica*). Uma delas é a que corresponde às teclas pretas do piano. É a que é usada neste Cromo nº 16.

Ele constitue, tambem, um pequeno estudo nas teclas pretas, como acontece, outrossim, com o Cromo nº 7, "A flauta do indiozinho". Enquanto este, porem, se acha escrito em sustenidos, o nº 16 o está em bemois.

f subito
mf
f
8ª bassa
f
rall.
mf
mf
a tempo
poco rall.
mf
a tempo
rall.
p
a tempo
rall.
a tempo
f subito e decidido
Ped.

1'00"

SUÍTE N°1

Nota explicativa

A "SUÍTE N*1" consta de quatro movimentos :

DOBRADO - evoca um tipo de marcha caracteristicamente brasileira, com polifonia e ritmo próprios. Há sugestões humorísticas de uma banda de música meio "desafinada" .

CHORO – desenvolve-se num ritmo incessante de semicolcheias em *staccato*, que empresta, a este movimento, um caráter de "motu perpetuo".

TOADA – de caráter profundamente lírico, consta de uma melodia contínua, que vai se desenvolvendo tranquilamente, até atingir um clímax expressivo e terminar calmamente na região mais grave do instrumento .

BAIÃO – a mão esquerda mantem um ritmo insistente, próprio dessa dança nordestina, enquanto a direita desenvolve a melodia . A sonoridade aumenta gradativamente, até encerrar-se, de maneira brilhante, a Suíte .

Osvaldo Lacerda

À Eudóxia de Barros

I - Dobrado

Osvaldo Lacerda

De 𝄋
até ⊕,
e
depois:

⊕ FINAL

À Eudoxia de Barros

II - Chôro

Osvaldo Lacerda

Irriquieto, mas não muito rápido ($\quarternote = 100$)

55

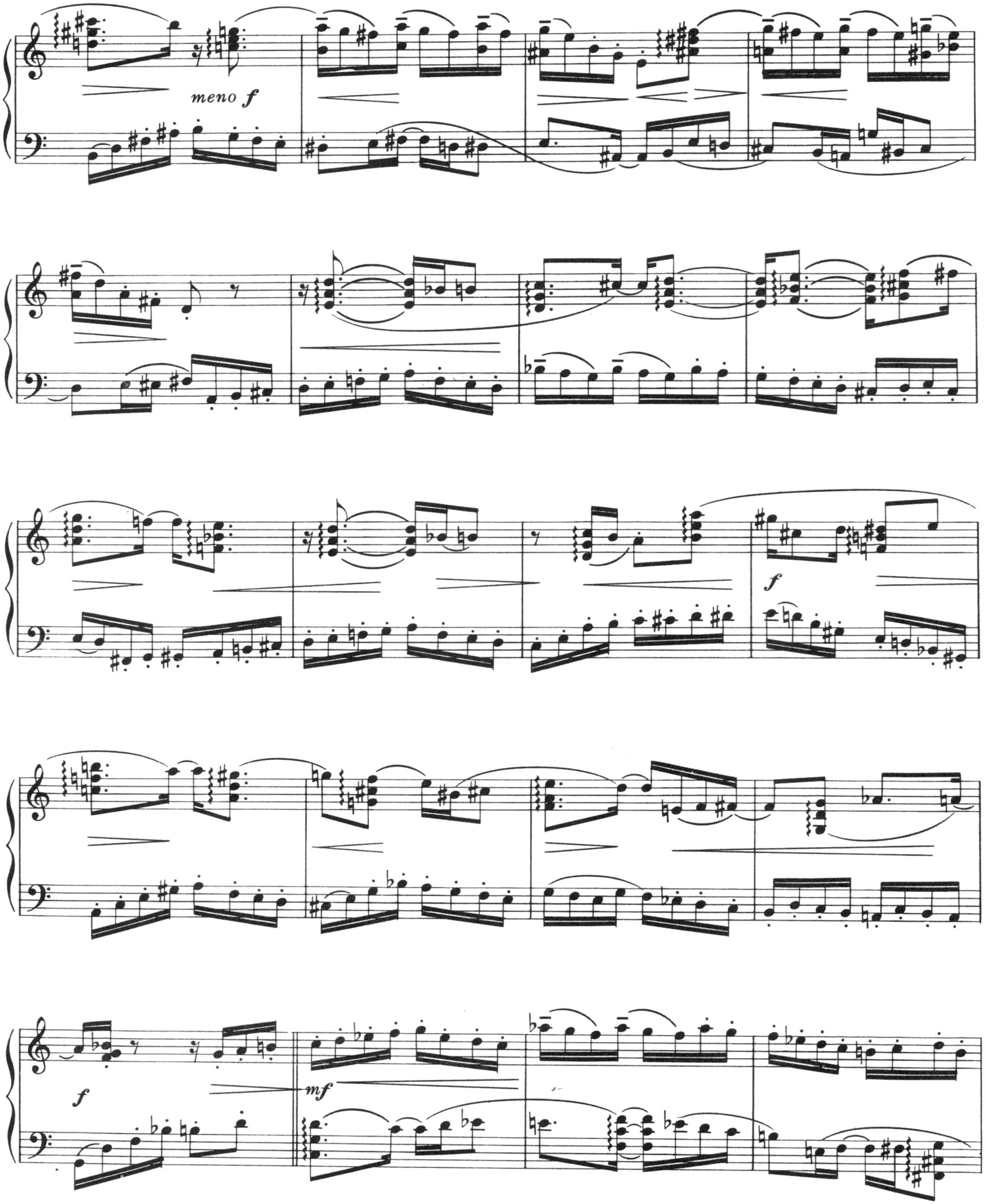
meno f
f
f
mf

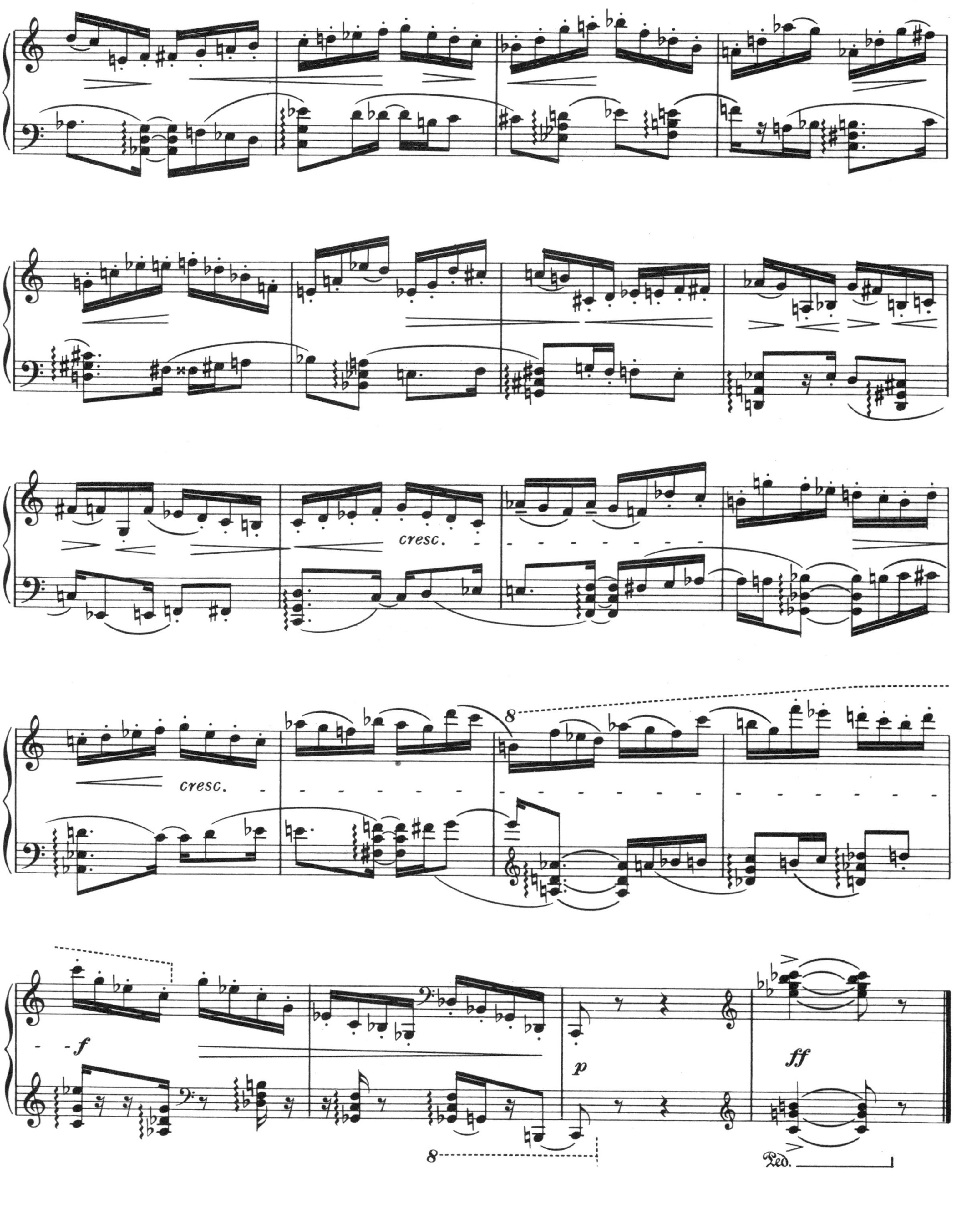
cresc.
cresc.
8
f
p
8
ff
Ped.

À Eudoxia de Barros

III - Toada

Osvaldo Lacerda

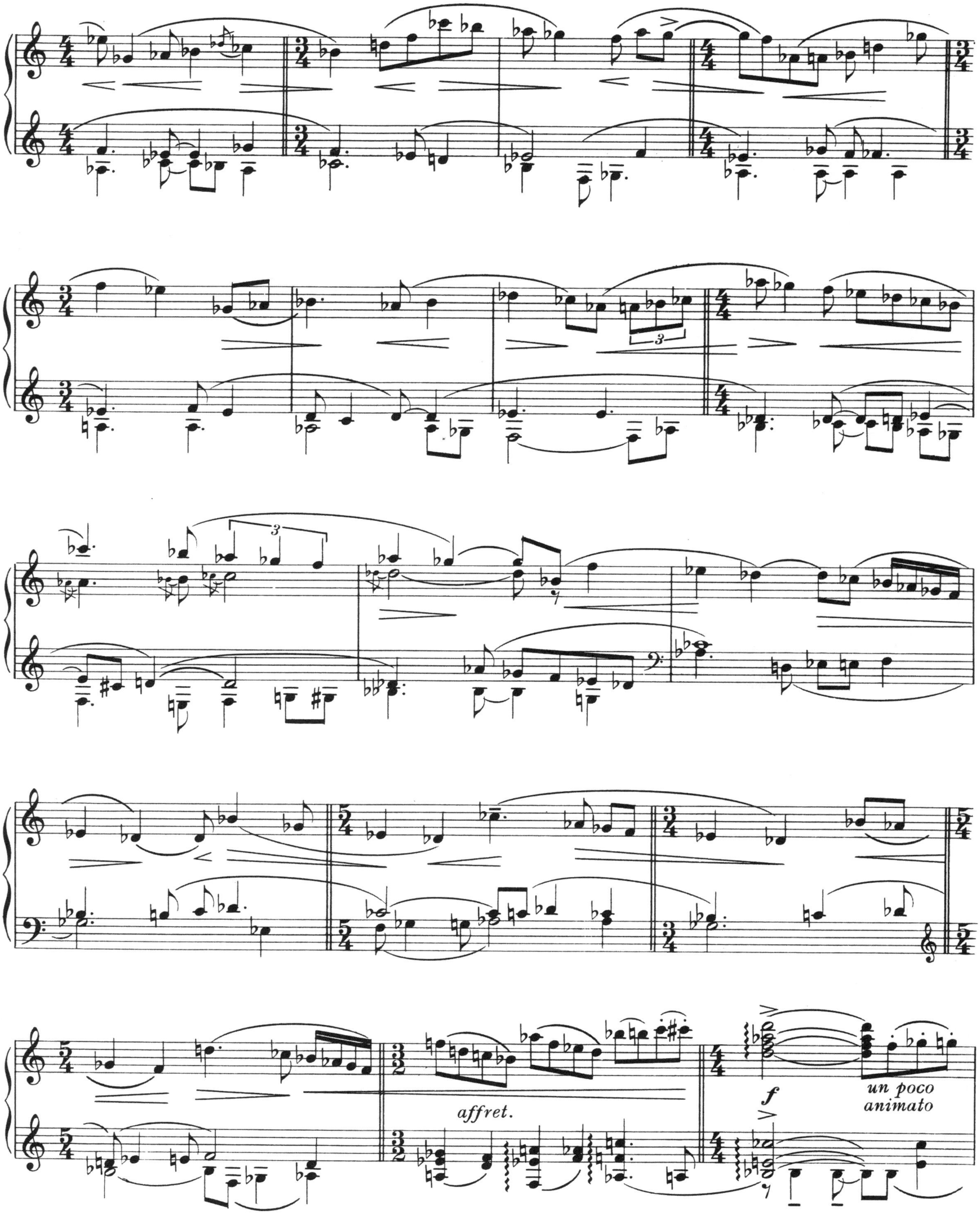
affret.
f
un poco
animato

rall.
poco
a poco
ritenendo
p
a tempo
quasi
mf
quasi f
dim. poco a poco, sino al
mp

p
quasi f,
cantando
rall.
a tempo mf
dim. poco a poco
calmando
smorzando
p
pp

À Eudoxia de Barros

IV - Baião

Osvaldo Lacerda

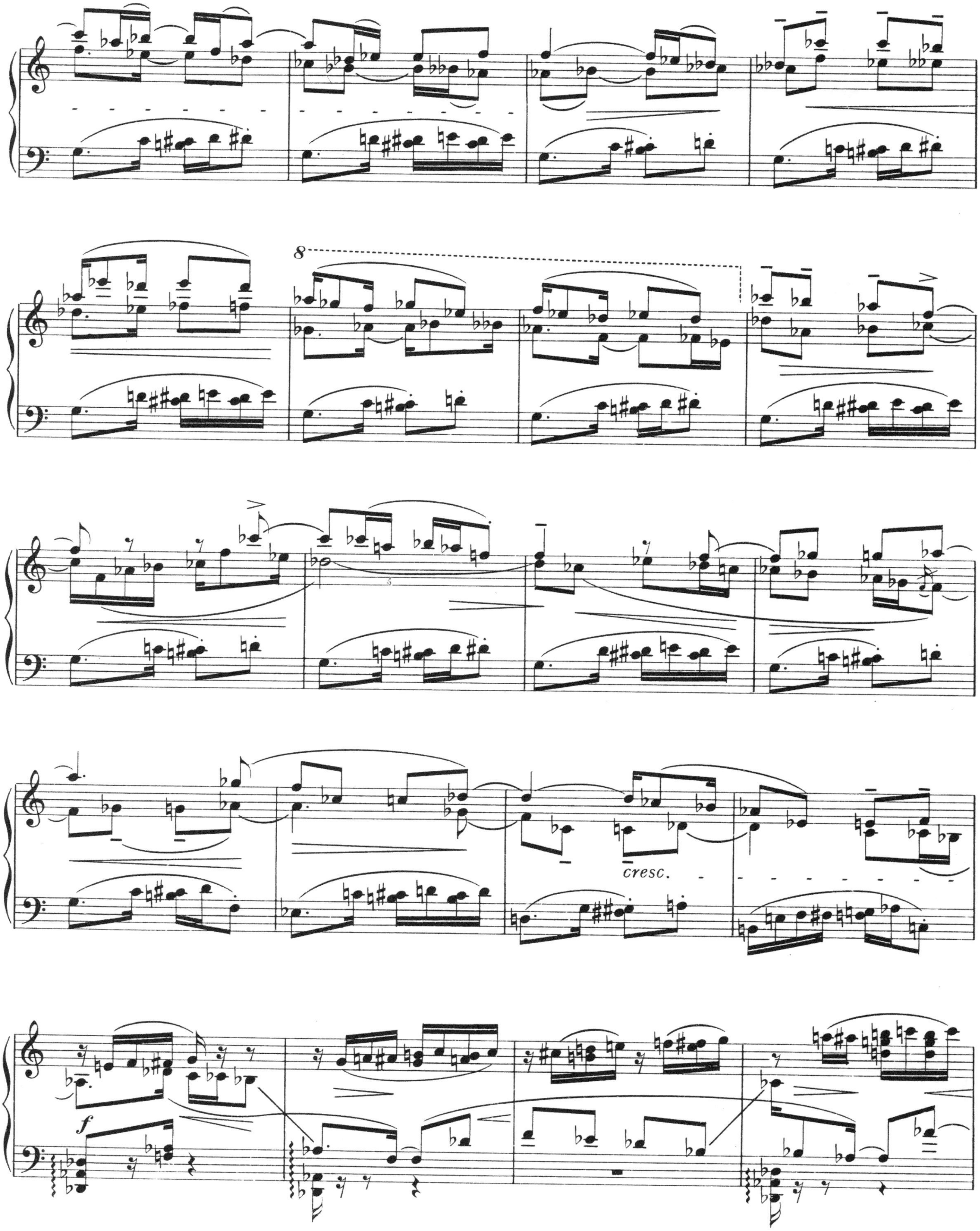
8
cresc.
f

64

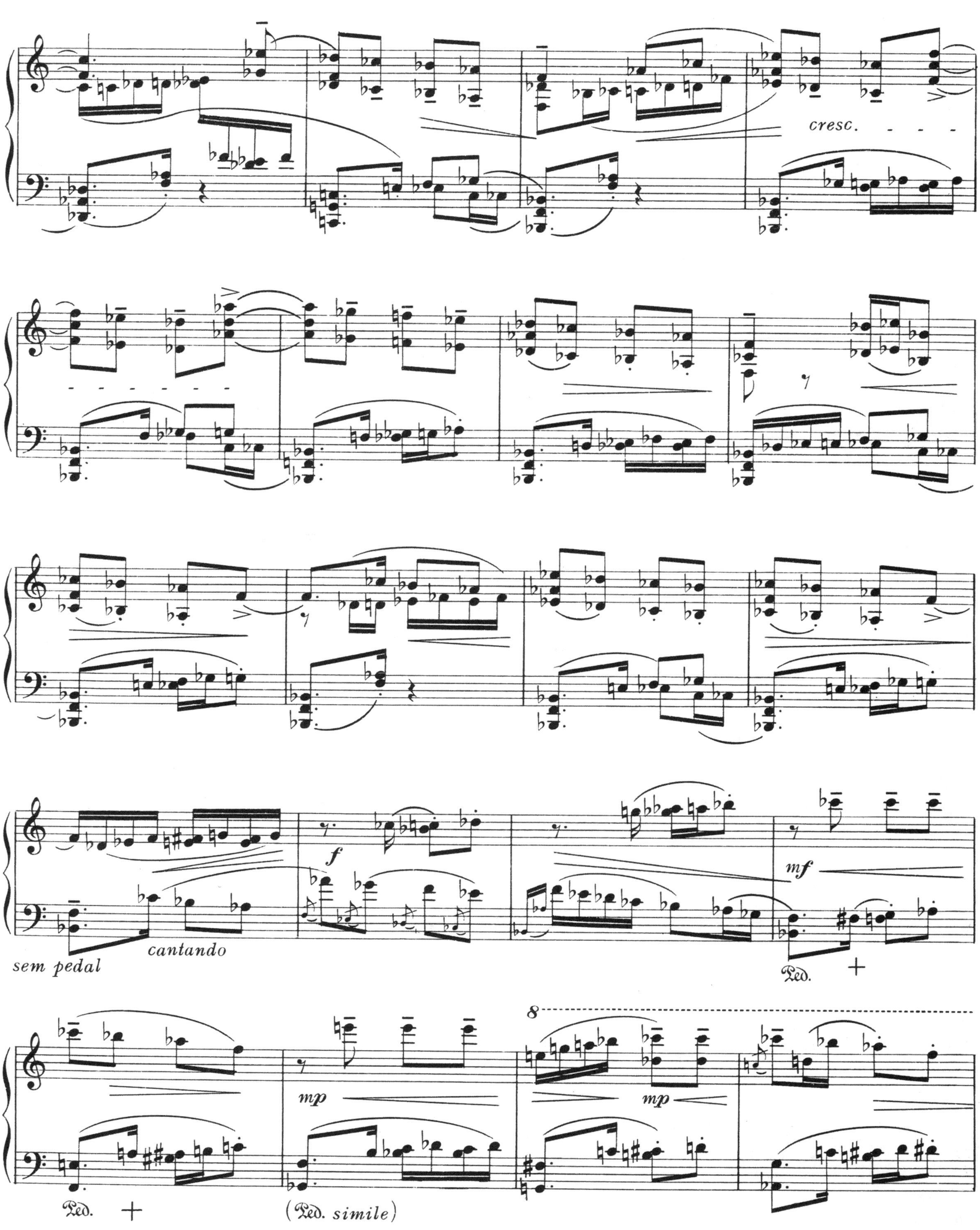
cresc.
sem pedal
cantando
f
mf
Ped.
Ped.
mp
(Ped. simile)
8
mp

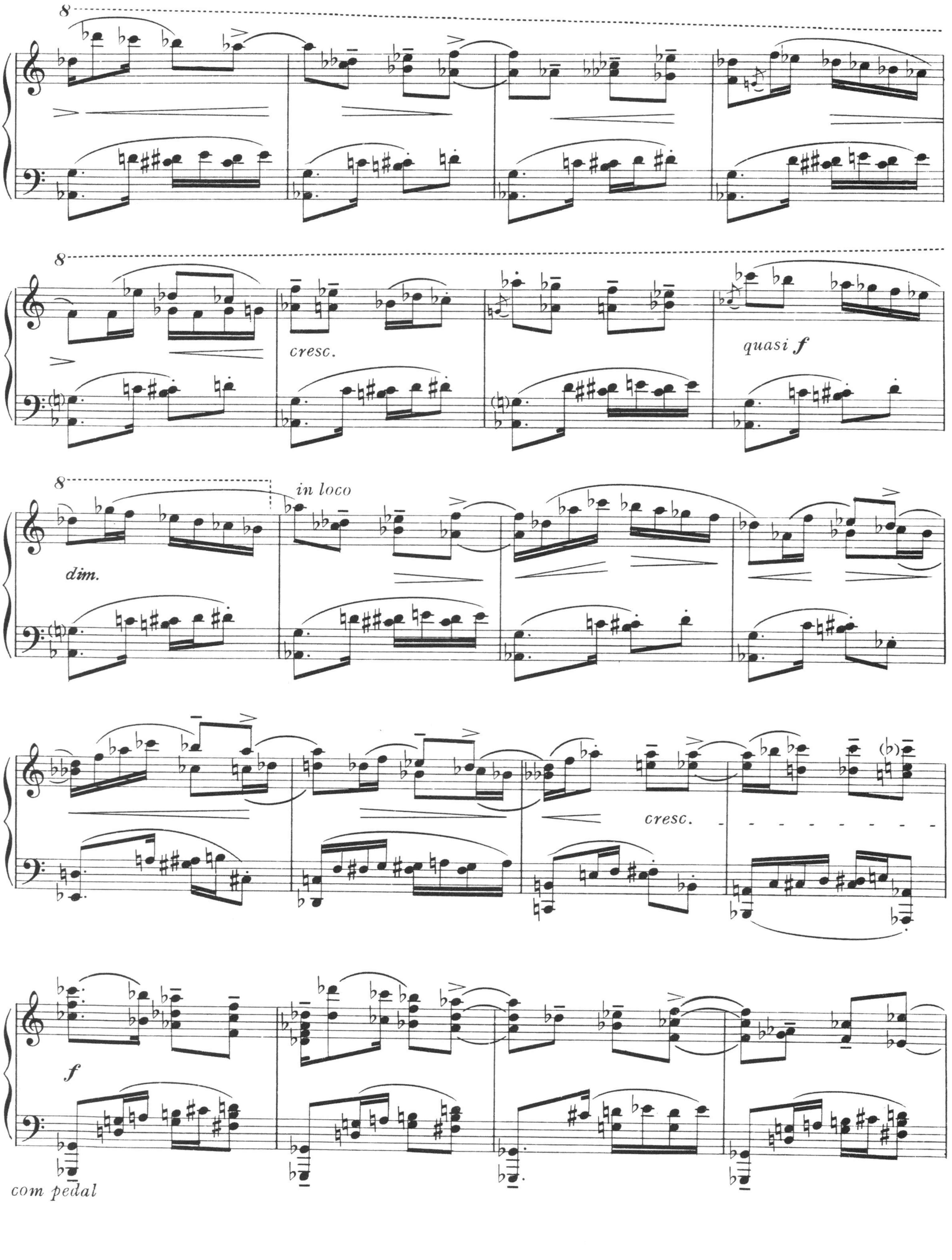
cresc.
quasi f
in loco
dim.
cresc.
f
com pedal

67

SONATINA N°1

À Eudóxia

I

Osvaldo Lacerda

a tempo, ma un poco rubato
rilasciando molto
p dolce
a tempo
rall.
rall.
in tempo giusto

38
f intenso
42
p subito
mp
a tempo
46
rall.
p sempre
pungente
50
a tempo
54
poco rall.

58
p
poco f
62
p
66
rilasciando molto
a tempo, ma um poco rubato
f
p dolce
70
pp
pp
p
73
3
p
p

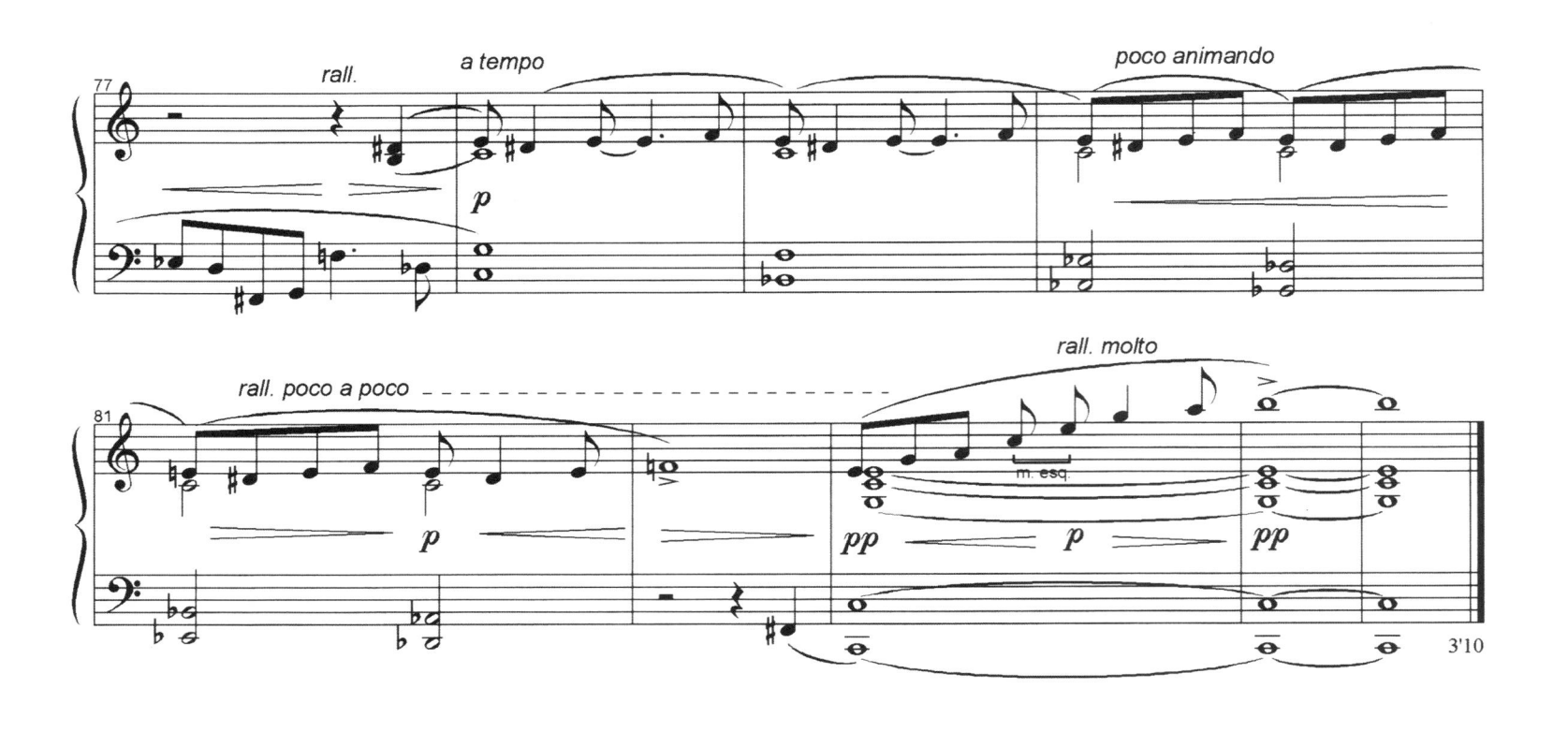

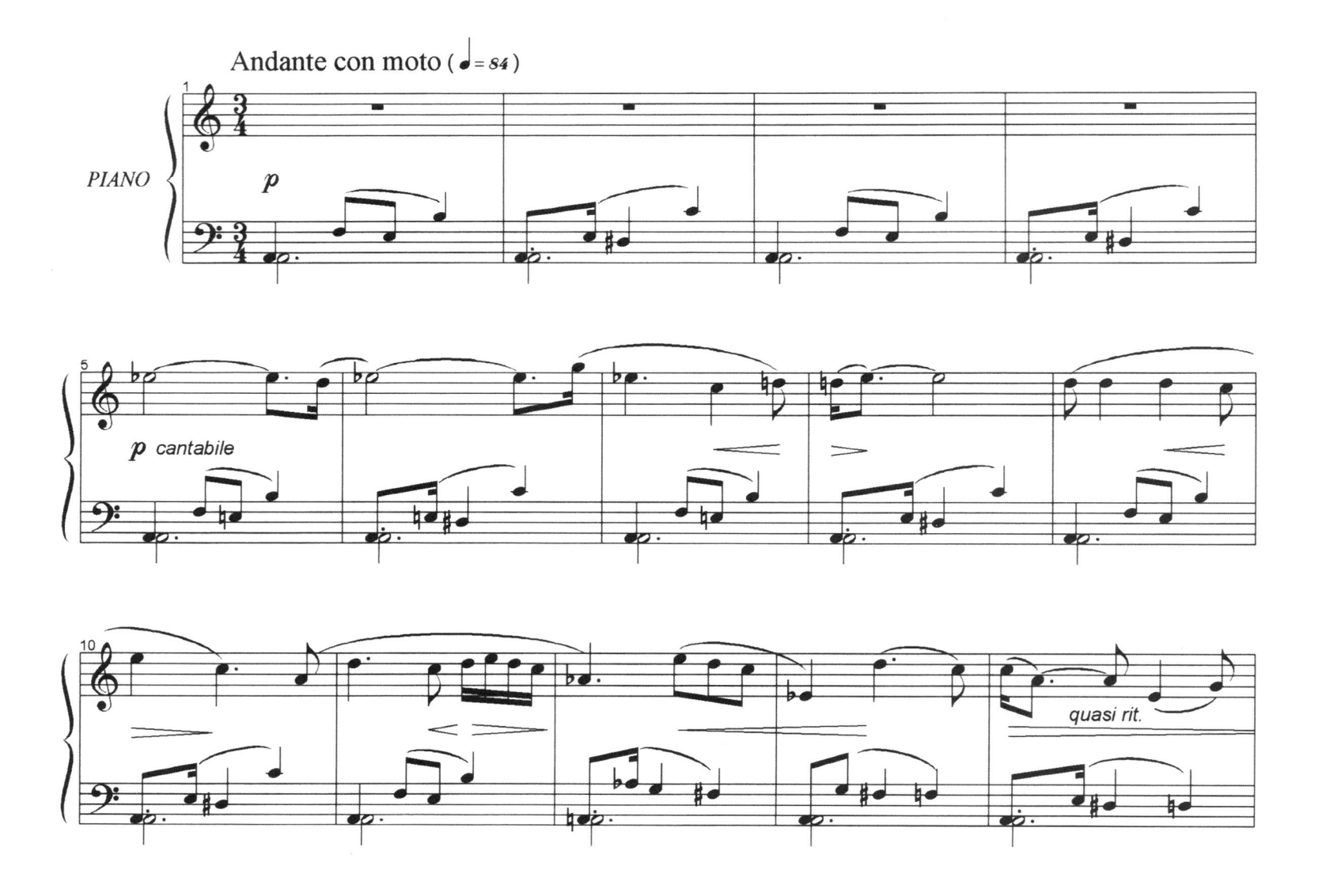

II

Andante con moto ($\quarter = 84$)

37
42
poco animando
poco f
46
a tempo
51
a tempo
rall.
mf
subito
56
pp

61
a tempo
p
quasi rit.
mp
66
mf
f
70
74
poco rall.
a tempo
79
poco f subito
rall.
pp
baixar as teclas sem tocar
3'10
tirar o pedal depois de baixar as teclas

III

Allegretto (♩ = 108)

mp, com simplicidade

non staccato

37
a tempo
mf
p subito
quasi rit.
p
44
a tempo
p
mf
rall.
mp
p
52
p
59
p
67
p
p

Outra opção para os dois compassos finais:

2'05

VARIAÇÕES SOBRE "MULHER RENDEIRA"

À Isabel Mourão

Variações sobre "Mulher Rendeira"

Osvaldo Lacerda

*O tema foi extraido do livro
"Ensaio sobre Musica Brasileira,"
de Mario de Andrade*

(*) **TEMA** — Moderado (♩=100)

*Lampeão desceu a serra deu um baile em Cajazeira,
botou as moça donzela pra cantá "Mulher rendeira."
Olê, mulher rendeira! Olê, mulher rendá! Tu me ensina a fazê renda que eu te ensino a namorá!*

VAR. I — Cômodo (♩=54)

a mezza voce

com pedal

(2ª vez rall. e ⸻)

rall

attacca

(*) *Se o pianista tiver boa voz (e sangue frio...), poderá, em vez de tocar o tema, cantá-lo com a letra, voltado pro publico.*

© Copyright 1971 by Irmãos Vitale S.A. Ind. e Com.

VAR. II
Esperto (♩=92)

f sempre

f salientando a mão esq.

senza rall.

f

pp

attacca

VAR. III
Noturnal (𝅗𝅥 = 40; ♩ = 80)
sempre tranquilo
e distante
sempre pp
sempre legato
perdendosi
ppp
8

VAR. IV
Moderado (♩=88)
mf insinuante
f decidido
mf
f
p
cresc.
f rall.
VAR. V
Lento (♩=52; ♪=104)
delicado
p sempre
rall.
a tempo
poco rit.
a tempo
non staccato
mp

rall.
a tempo
rall.
VAR. VI
Moderado (𝅗𝅥=84)
a tempo
rall. p
attacca
f
mf
sf
rall.

VAR. VII

Lento solene (♩=58)
mp
pp
maestoso
f subito
Ped.
più f
pp
Ped.
p
pp
ppp

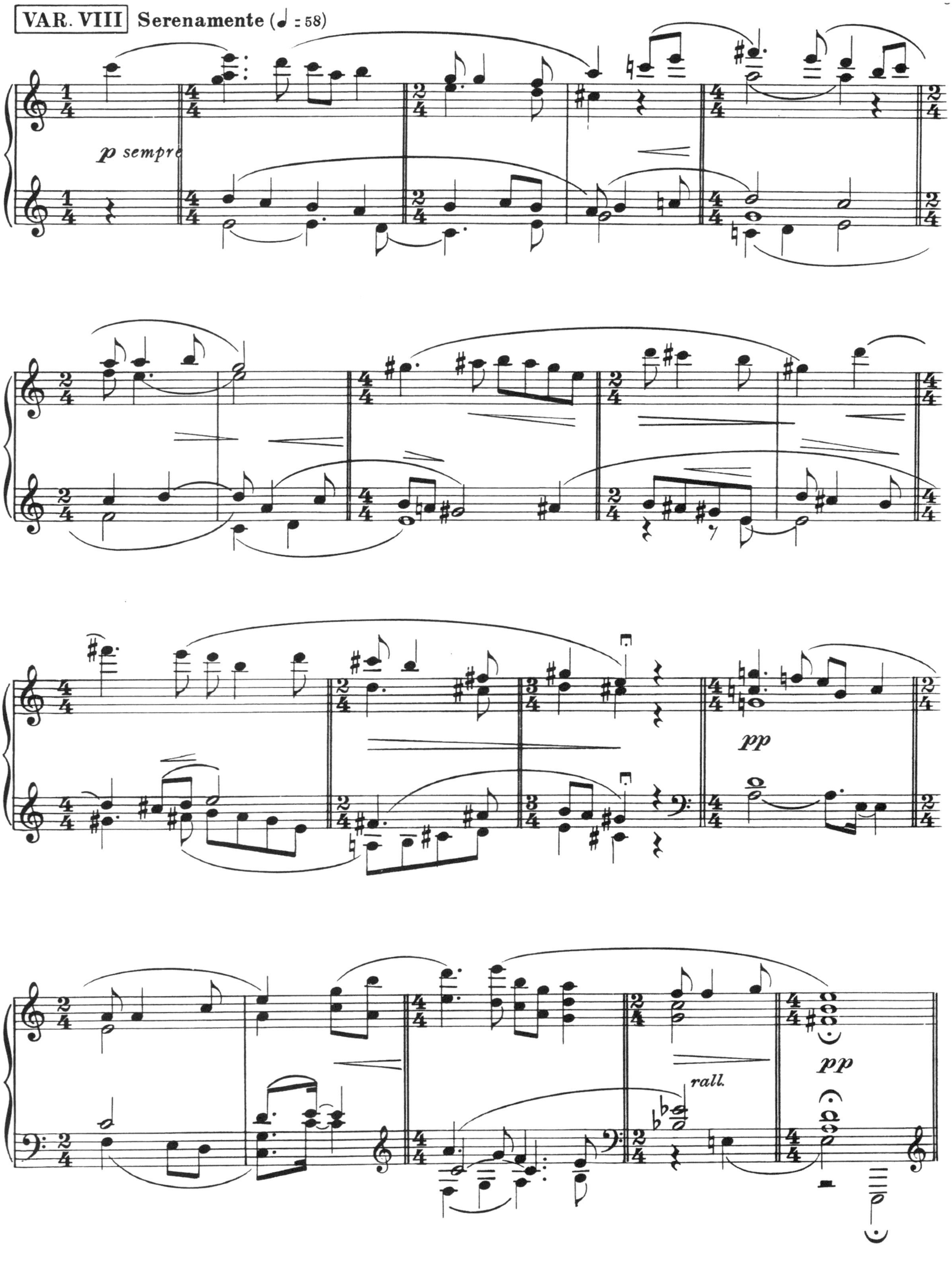
VAR. VIII
Serenamente (♩ = 58)
p sempre
pp
rall.
pp

VAR. IX Scherzo (𝅗𝅥. = 72)

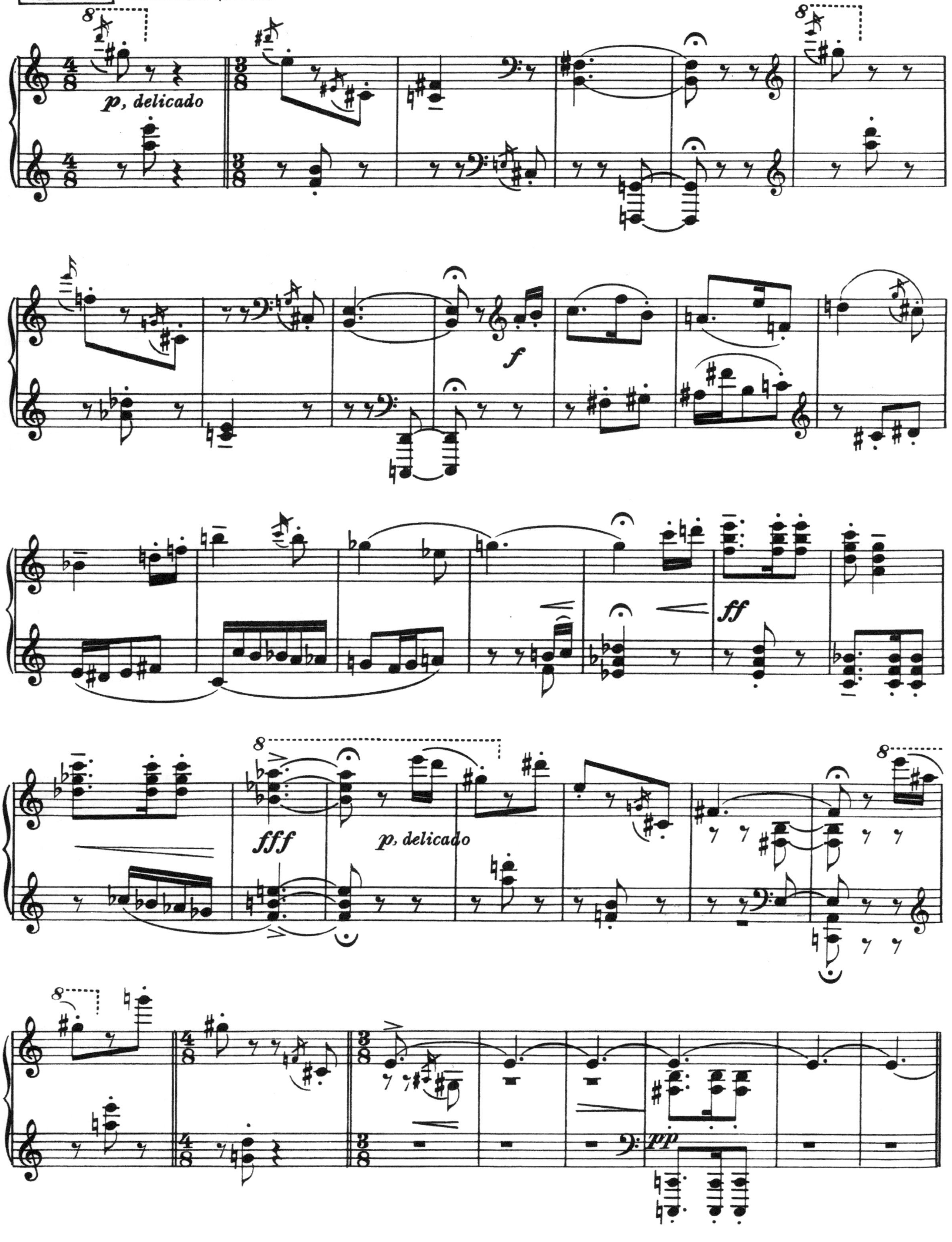

VAR. X

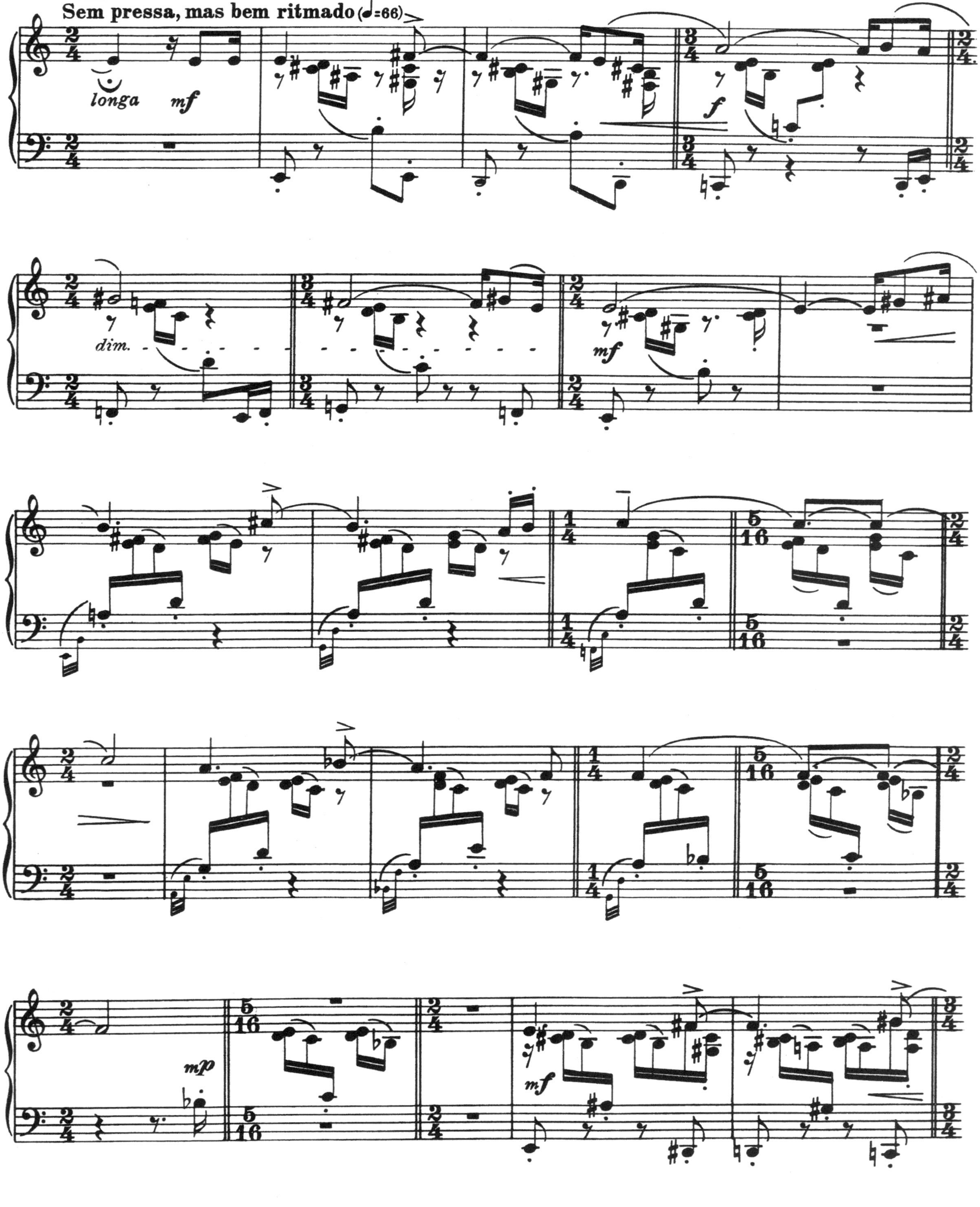

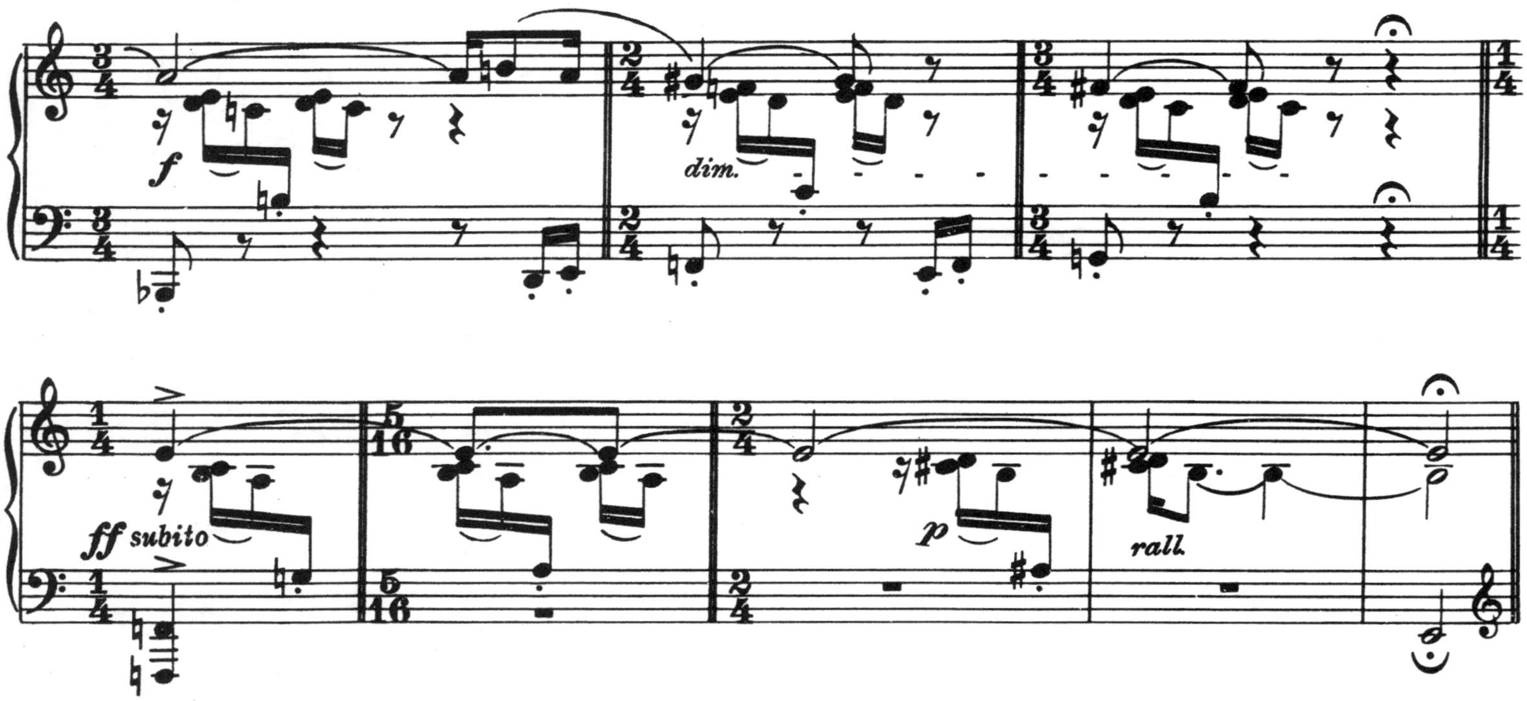

VAR. XI Vivo (𝅗𝅥=116)

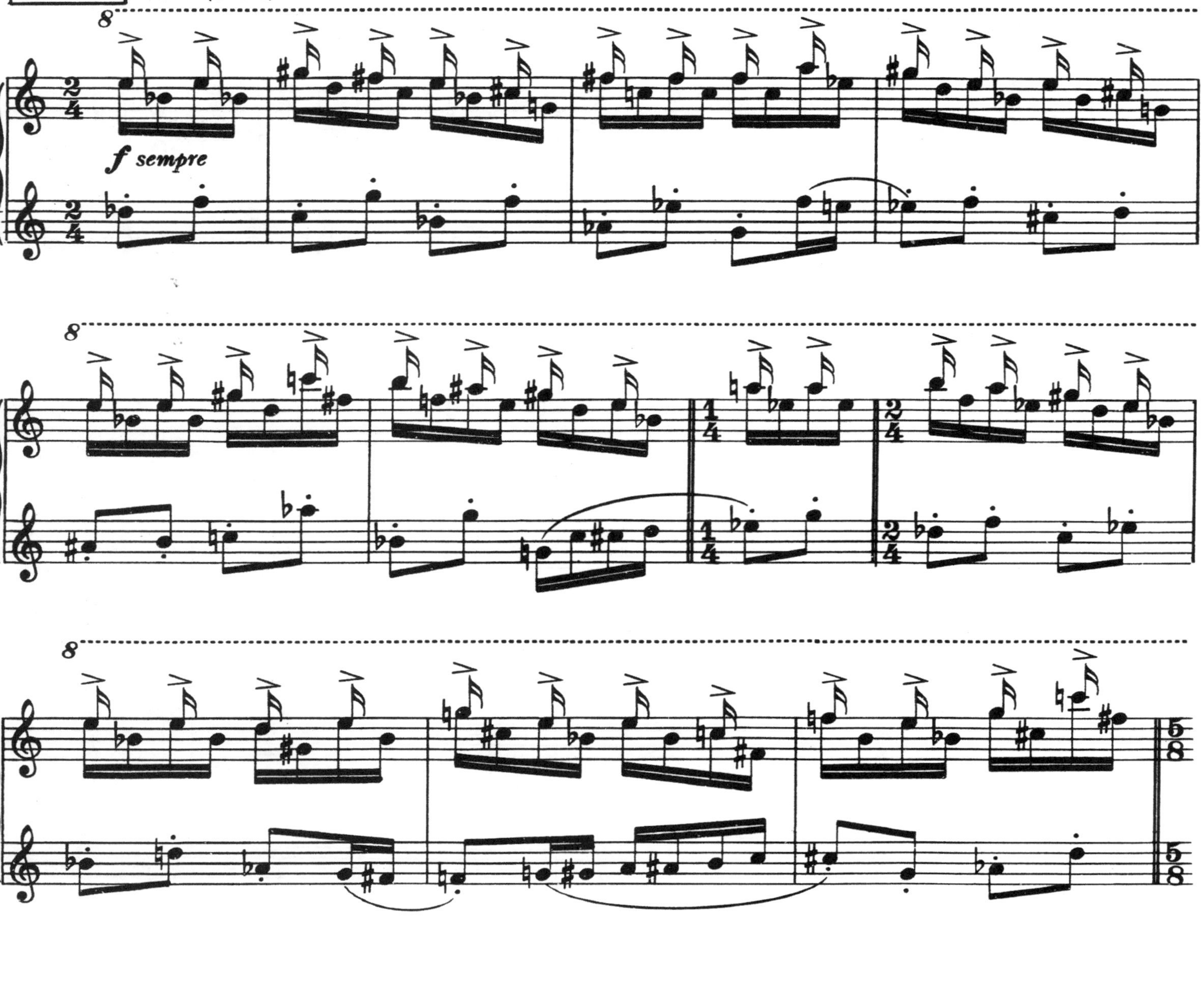

VAR. XII (CODA) Devagar, majestoso ($\dotted{d}$=58)

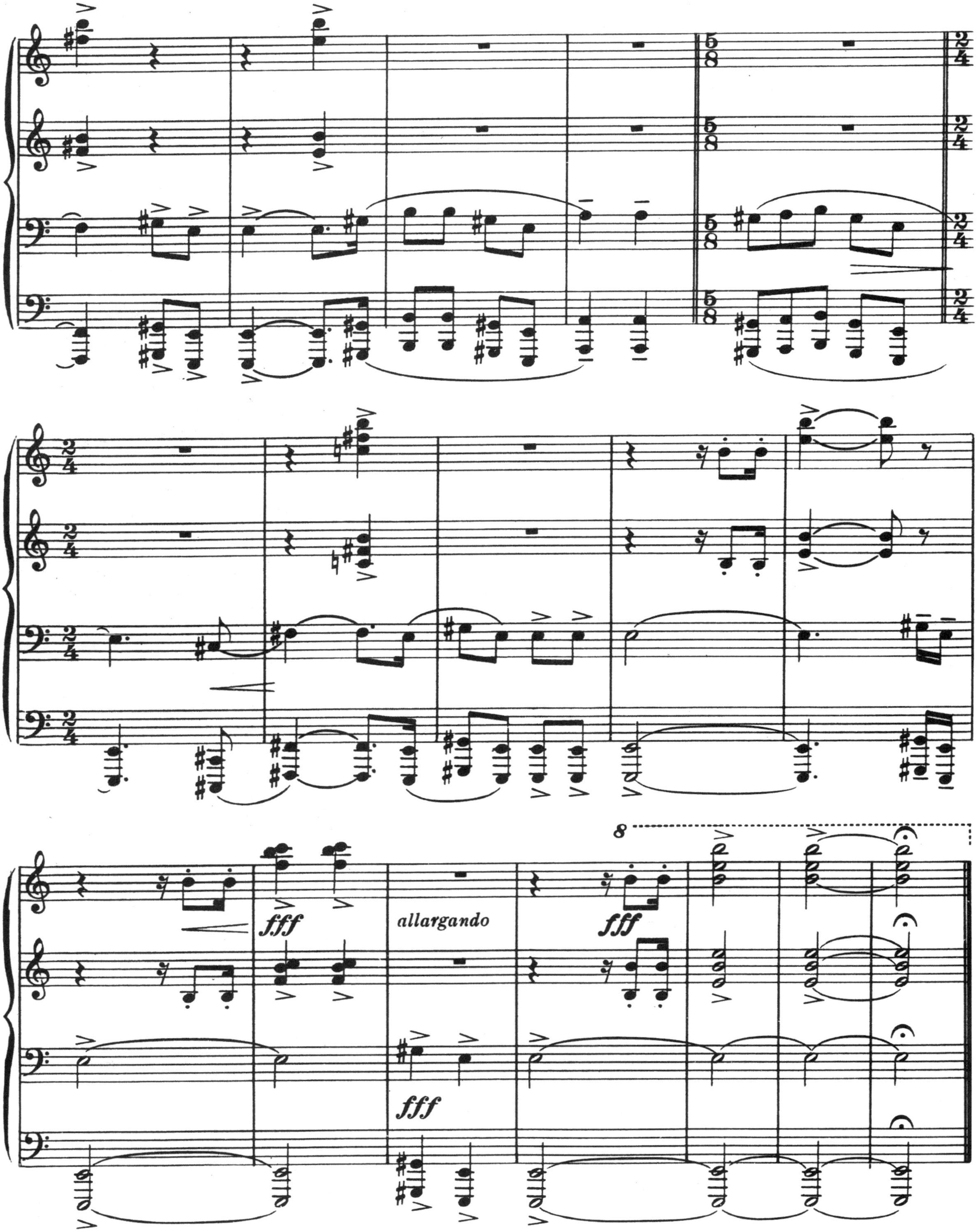
fff
allargando
fff
fff
8

Impressão e Acabamento

Bartira gráfica